Witterungsbüchlein

oder

Sammlung sicherer Kennzeichen

von

bestehendem Witterungs-Wechsel

und

zukünftiger Witterungs-Beschaffenheit.

Herausgegeben von M. Cunow.

Zweite vermehrte Auflage.

<<<<<>>>>>

Gotha 1844

Verlag von J. G. Müller

<<<>>>

Bearbeitete Auflage von Monika Köckeritz

Bibliografische Information der Deutschen Nationalbibliothek:
Die Deutsche Nationalbibliothek verzeichnet diese Publikation
in der Deutschen Nationalbibliografie; detaillierte
bibliografische Daten sind im Internet über http://dnb.dnb.de
abrufbar.

© 2019 Monika Köckeritz

Herstellung und Verlag: BoD – Books on Demand,
Norderstedt

ISBN: 978-3-7431-4214-5

Gedruckt in der Buchdruckerei des Verlags-Comptoir von Storch und Klett

VORWORT

Dieses interessante Buch über Beobachtungen natürlicher Gegebenheiten, Erscheinungen in der Atmosphäre, des Mondes, Witterungszeichen lebloser Gegenstände sowie deren Rückschlüsse auf zukünftiges Wetter ist eine Abschrift des altehrwürdigen Witterungsbüchleins von M. Cunow, aus dem Jahre 1844.

Die Dublette wurde inhaltlich nicht verändert. Sie enthält lediglich am Ende des Büchleins kurze Erläuterungen von heute unüblichen Begriffen der damaligen Zeit sowie Daten, die einigen Lesern unbekannt oder in Vergessenheit geraten sein könnten.

Die damaligen Rechtschreibregeln wurden beibehalten, sind aber für heutige Leser gewöhnungsbedürftig. An zwei Textstellen habe ich ein Fragezeichen gesetzt (...?), da hier Rechtschreibfehler anzunehmen sind.

Ich wünsche allen Lesern beträchtliche neue Erkenntnisse und viel Freude beim Vergleichen mit den im Büchlein gemachten Angaben und der heutigen Witterung.

Monika Köckeritz

INHALT

	Seite
Einleitung	11
1. Die Mondwechsel	
2. Die Monate und einzelne Tage	22
3. Die Aequinoctien und Solstitien	45
4. Die Jahreszeiten	49
5. Die Erscheinungen in der Atmosphäre	54
A Erscheinungen an der Sonne	55
B Erscheinungen am Monde	58
C Anderweitige Erscheinungen am Firmament	60
D Wolken	61
E Winde	67
F Das Barometer	69
6. Witterungsanzeigen an leblosen Gegenständen	72
7. Pflanzen als Wetter-Verkündiger	75

8. Thiere als Wetter-Propheten 79
- A Würmer 79
- B Insekten 79
- C Fische 82
- D Amphibien 82
- E Vögel 83
- F Säugethiere 87

Worterläuterungen und Bezeichnung der Daten 90

EINLEITUNG

Der Einfluss der Witterung auf das Befinden und die Stimmung Des Menschen, so wie auf viele seiner Geschäfte und Unternehmungen, ist allbekannt; daher auch das viele Sprechen über das Wetter (in Seegegenden namentlich über den Wind), sowie eben dasselbe den nächsten Nothnagel für ein zu beginnendes hinzufristendes Gespräch abzugeben pflegt; ein Beweis mehr, wie sehr man sich allgemein der Herrschaft der Witterung unterworfen fühlt. Von um so größerer Wichtigkeit ist es, die Beschaffenheit des näheren oder ferneren Witterungsstandes im Voraus zu erkennen, obwohl bei der zum Sprüchwort gewordenen Veränderlichkeit der Witterung*) und bei ihrer Basierung auf zonale, erdmagnetische und elektrische Einflüsse eine dergleichen Voraus-

---

*) Dies gilt doch nur von dem nördlichen Theile der nördlichen gemäßigten Zone, denn deren südlicher Theil und noch mehr die heiße Zone erfreuen sich eines regelmäßigeren Witterungsganges, und es sind dort Orkane und Erdbeben fast die einzigen , aber freilich um so heftigeren, Abweichungen von der Regel.

stimmung wenigstens in Folge eines Systems, noch niemals recht hat glücken wollen. Inzwischen bieten sich uns Merkzeichen von mancherlei Art, welche, in ihrem Erfolge wiederholt bestätigt gefunden, am Ende in die Stelle fehlender wissenschaftlicher Einsicht wenigstens praktische Regeln*) geliefert haben, die eben darum für das praktische Leben einstweilen von hinreichendem Werthe sind. Dergleichen bieten namentlich: Die Mondwechsel, die Monate selber, gewisse einzelne Tage, und unter diesen vorzugsweise die Aequinoctien und Solstitien (Tag- und Nachtgleichen und Sonnenwenden), die Jahreszeiten, die Atmosphäre (Dunstkreis), die große Werkstätte des Wetters, ferner sogenannte leblose Gegenstände**), endlich Pflanzen und Thiere. Der Druck der Luft und die Quecksilber-

---

*) Auch die sogenannten „Bauern-Regeln"gehören mit mehr oder weniger Recht hierher; denn so sehr sie von Vielen verachtet werden, ist doch nicht zu übersehen, daß gerade die Landleute in ihrem nächsten Interesse dazu aufgefordert und durch ihre Beschäftigung dazu veranlasst, schon seit alten Zeiten auf die Witterung achteten und gewisse Erfahrungen darüber sammelten, die sie dann in kurzen Denkversen aussprachen. Was sie manchmal einem einzelnen Fest- oder Heiligentage ehrenvoll beilegten, dürfte mitunter auf die umgebenden Tage überhaupt zu beziehen sein.

**) In der Natur gibt es nichts Lebloses, also Tohtes; alles was ist lebt auch, was toht ist, ist gar nicht. Es giebt

säule und das darauf eingerichtete Barometer (oft Wetterglas schlechthin genannt) bietet, für sich allein betrachtet, nur ein zweideutiges Erkennungsmittel zukünftigen Wetters, da auf gleichen Stand des Quecksilbers nicht selten ganz verschiedene Witterungszustände folgen. Daher haben auch die so häufigen gewissenhaften täglichen Aufzeichnungen des Barometer- (und Thermometer-) Standes bisher noch nicht das geringste Resultat zu Vorausbestimmung des Witterungsganges geliefert, werden auch dergleichen niemals liefern. Denn das Steigen und Fallen des Quecksilbers hängt nicht allein vom Druck der Luft, sondern auch von der Electricität und dem verschiedenen Stande der Winde ab, welche jene bald verstärken bald schwächen. Bei der Richtung des Windes von Süd her, also bei

---

nichts Unorganisches auf Erden, alles ist mehr oder weniger organisch, lebendig; ja die Erdkugel selber ist als ein Lebendes zu betrachten, denn sie hat Bewegung, Wärme, Licht*), ist magnetisch, electrisch, und eben diese Lebens-Functionen der Erde sind es zugleich, die das Wetter machen.

*) Licht und Wärme empfängt die Erde keineswegs direct von der Sonne, sondern sie werden von dieser an der Erde bloß höher erregt. Es giebt an der Erde weder absolute Finsternis noch absolute Kälte; die finsterste Nacht hat ihr Licht und je tiefer in die Erde hinein, desto wärmer.

Süd-, Südost- oder Südwest-Wind, wird allezeit das Quecksilber fallen oder wenigstens mit Steigen einhalten; bei der Richtung des Windes aus Nord, also bei Nord-, Nordost- und Nordwest-Wind, wird es hingegen regelmäßig steigen oder wenigstens zu fallen aufhören. Man weiß aus den Experimenten mit der Electrisir-Maschine, daß die Wirkungen derselben bei letzterem Winde weit stärker und heftiger sind als bei ersterem. In Kap. 5, Abschn. F findet man das Nöthigste über Barometer-Beobachtung und deren Ergebnis in Bezug auf Vorherwissen der Witterung.

In dieser kleinen Schrift nun bieten wir den Liebhabern eine Sammlung von Kennzeichen bevorstehenden Witterungs-Wechsels und zukünftiger Witterungsbeschaffenheit, auf wiederholte Wahrnehmungen gegründet und durch eben so wiederholte Erfolge bestätigt gefunden; in der Meinung, daß eine solche Zusammenstellung Vielen erfreulich und Manchen ersprießlich sein werde.

Neujahr, 1844

M. Cunow

1. Der Mondwechsel

Der Einfluss des Mondes auf unsere Erde und viele ihrer Produkte ist anerkannt, obwohl man ihn bisweilen zu weit ausdehnt, ein andermal ihn wieder unnöthig längnet. So z.B. ist die in Gang gekommene Meinung, daß der Mond durch seine Anziehungskraft Ursache von Ebbe und Fluth des Meeres sei, eine unnöthig weit hergeholte und sich inconsequent bewährende. Wäre der Mond Im Stande, unser Meer 6 Fuß hoch emporzuheben, wie hoch müsste er unsern Dunstkreis zu sich emporwirbeln, und welche zu kurzen Zwischenräumen regelmäßig wiederkehrende Orkane würde dies verursachen? – Sondern Ebbe und Fluth kommt, wie Oken noch immer vergeblich lehrt, ganz nahe und einfach von dem täglichen Umschwung der Erde um ihre Axe her, welche am Aequator am größten ist und hier das Meer ein Fluthen setzt, daß bis an die fernsten Küsten abwechselnd anschlägt und wieder zurücktritt. Wollte man sich nur von den mechanischen Wirkungen der Masse zu dem viel allgemeineren dynamischen Einfluß der Kräfte erheben, so würde man dergleichen grobe Ansichten und Irrlehren vermeiden und statt dessen alle vorhandenen feineren Wirkungen der Naturkräfte unbedingt anerkennen. So kennt der gemeine Mann aus Erfahrung, besser als die Anfertiger oder Nachbeter physischer Systeme in der Stube, die größere Kraft des Monden- als des Sonnenlichtes*) in Bezug z. B. auf das Bleichen der Leinwand, das Reifen der Trauben, das schnellere Faulen des ihm

---

*) Wieder ein Beweis von der Wahrheit des in der Einleitung über das eigene Licht der Planeten (und Nebenplaneten) Gesagten. Geschähe die Erleuchtung des Mondes einzig durch das Sonnenlicht, so könnte das Mondlicht keine andere Eigenschaft haben, als jenes; es müßte dieselbe, obwohl in schwächerem Grade, äußern. Der angenommene (aber nicht vorhandene) Reflex des Sonnenlichtes von der uns ganz genau bekannten (halben) Oberfläche des Mondes kann auch keine wesentlichen Abänderungen in den Eigenschaften des fälschlich gesetzten absoluten, Sonnenlichtes machen; folglich hat auch der Mond sowohl wie die Erde, sein eigenthümliches Licht, welches hier, wie dort von der Sonne nur höher geweckt wird. Für dieses eigene Licht des Mondes zeugen ferner die Helligkeit seines von der Sonne nicht getroffenen Theiles im ersten Viertel, sowie seine Sichtbarbeit im Schattenkegel der Erde, bei Gelegenheit von Mondfinsternissen.

---

ausgesetzten Fleisches, das Tödlichwerden bedeutender, seiner Einwirkung preisgegebener Wunden, daß dem seinigen angemessene Zu- und Abnehmen von Krankheiten, namentlich von Geschwulsten und Gewächsen, endlich, um vieles zu übergehen, z. B. daß die Ameisen bei zunehmendem Monde fleißiger arbeiten als bei abnehmendem, bei Neumonde aber gar feiern – die mit Hülfe des ab- oder zunehmenden Mondlichts zu vollbringenden Heilungen von Krankheiten*).

---

*) Die sogenannten sympathetischen Heilungen unterliegen, wie alles in der Welt, festen Naturgesetzen, deren Nichtkenntnis oder Verkennung aber Gelegenheit einerseits zu allerhand Gaukeleien – andererseits zu oberflächlichem Absprechen giebt. Die Hinwegbringung z. B. von Gewächsen mit Hülfe des Streichens und des Abnehmenden Mondes glückt, ohne den geforderten Glauben und ohne die vorgeschriebenen Spruchformeln, in Folge animalisch-magnetischer Striche und des auf sie fallenden (abnehmenden) Mondlichtes. Nebst einer Abhandlung über Sympathie als Einleitung. Von M. Gunow. Stuttgart, Ebner und Seubert.

Zu den vielen theils anerkannten, theils bestrittenen, aber einmal vorhandenen Einflüssen des Mondlichtes gehört auch der auf Wind und Wetter in unserer Atmosphäre. Wir freuen uns, den Erfolg vieljähriger Himmels-, also nebenher auch Wetterbeobachtungen des berühmten Astronomen Herschel (des Vaters) als ein bewährtes Zeugnis für den Einfluss des Mondeswechsels auf die Witterung zu haben. Hier ist seine Tabelle darüber.

Stunden des Mondwechsels.	Nachfolgende Witterung	
	Im Sommer.	Im Winter.
12 bis 2 Uhr Mittags.	Regen und Wind.	Schnee und Wind.
2 bis 4 Uhr Nachmit.	Veränderlich.	Veränderlich.
4 bis 6 Uhr Nachmit.	Desgleichen.	Desgleichen.
6 bis 8 Uhr Abend.	Klar bei Nord- oder Nordwestwind, regnerisch bei Süd- oder Südwestwind.	Klar mit Frost bei Nord oder Nordwestwind. Regen oder Schnee bei Süd- oder Südwestwind.
8 bis 10 Uhr Abends.	Ebenso.	Ebenso.
10 bis 12 Uhr Mittern.	Klar.	Klar mit Frost.
12 bis 2 Uhr Morgens.	Klar.	Harter Frost, außer bei Südwind.
2 bis 4 Uhr Morgens.	Kalt mit häufigen Schauern.	Schnee und stürmisch.
4 bis 6 Uhr Morgens.	Regen.	Ebenso.
6 bis 8 Uhr Morgens.	Wind und Regen.	Stürmisch.
8 bis 10 Uhr Morgens.	Veränderlich.	Regen mit Schnee bei Südwestw., Schnee bei Ostwind.
10 bis 12 Uhr Morgens.	Häufige Schauer.	Kalte Luft mit starkem Winde.

Daraus gehet hervor: Je näher der Wechsel an Mitternacht, namentlich 2 Stunden vor oder nach – desto schöner im Sommer das Wetter; je näher am Mittag, desto schlechter. Wenn der Mondwechsel von 4 bis 10 Uhr Nachmittags statt findet, so kann man schönes Wetter erwarten, doch kommt es viel auf den Wind an. Nach 2 Uhr morgens ist der Wechsel ungünstig für schönes Wetter, auch im Winter. Findet er Mittags 12 Uhr statt, so folgt unruhiges Wetter, je mit Regen oder Schnee.

Nach einem alten lateinischen Verse bestimmen die Tage nach dem Neumond das Wetter des ganzen Monats.

> Prima, sekunda nihil, tertia aliquid,
> Quarta, quinta qualis, tota luna talis.

(Alte Übersetzung:)

> Nichts sagt der Erst' und Zweite Dir,
> Der Dritte etwas, glaube mir,
> Doch wie des Vier' und Fünften Schein,
> So wird der ganze Monat sein.

Ferner: Wie das Wetter am vierten Tage nach dem Neumonde des Morgens, Mittags und Abends ist, so ist es im ersten Viertel, im Vollmond und im letzten Viertel. Wenn der Neumond oder der Vollmond seine Veränderung des Wetters bringen, so bleibt es anhaltend; die Viertel kommen wenig in Betracht. Daher muss man auch Wäsche nicht vor dem Neu- oder Vollmond anstellen, weil sich das Wetter um diese Zeit auszuweisen pflegt.

Bisweilen hält die in Folge des Neumondes eingetretene Witterung den ganzen Mond hindurch an, öfters aber setzt sie sich mit dem Vollmond in die entgegengesetzte um; daher, wenn Neu- oder Vollmond in die Anfänge der Monate fallen, diese in ihren einzelnen Hälften sich in der Witterung ähnlich sind, so daß etwa die ersten Hälften gutes, die andern schlechtes Wetter, oder umgekehrt, bringen. Doch ist dann hierauf nur bei 3 Monaten mit Sicherheit zu rechnen, weil zur Zeit der Aequinoctien und Solstitien in der Regel eine neue Witterungs-Periode ihren Anfang nimmt. (s. Cap. 3)

In trockenen Jahren ist der Regenfall zur Zeit des Vollmondes am geringsten und seltensten; in nassen Jahren findet das Gegentheil statt. Unter Vollmond ist hier nicht gerade der Tag desselben, sondern die Tage um ihn her zu verstehen.

Bei Vollmond kommt nicht leicht ein Gewitter bei Nacht, bei Neumond nicht leicht bei Tage, bei'm ersten Viertel nicht am Abend und bei'm letzten nicht am Morgen, also mit anderen Worten, so lange der Mond am Himmel steht, ist nicht leicht ein Gewitter zu erwarten.

Nach andern gelten die Mondphasen zur Bestimmung der Witterung weniger als Erdnähe und Erdferne, auf- und absteigende Knoten des Mondes. Unter 432 beobachteten Fällen ersterer Art trafen nur 77 zu, und hiervon über die Hälfte, weil die Phasen zugleich in die Zeit der Erdnähe oder Erdferne fielen, von letzteren war das Verhältnis der Fälle mit Erfolg zu denen ohne Erfolg 17 zu 2. – Die Erdferne des Mondes bringt gewöhnlich helles Wetter.

Bei Neumond und bei Erdnähe ist Wetterveränderung am wahrscheinlichsten, bei ersterem wie 6 zu 1, bei letzterem wie 7 zu 1; treffen beide zusammen, wie 42 zu 1.

Jede Wetterveränderung erfolgt einige Tage nach dem wirksamen Punkte; doch beschleunigt sie das Zusammentreffen des Vollmondes und der Erdnähe. Monate, in denen Erdnähe und Neu- oder Vollmond auseinanderrücken, sind abwechselnder – wo sie aber nahe zusammentreffen, gleichbleibender Witterung.

Stand des Mondes in den Zeichen des Thierkreises.

Wenn der Mond in den höchsten Zeichen des Thierkreises (Zwillinge, Krebs, Löwe) steht und er ist neu, so giebt es 4 Tage vor und nach dem Neumonde heiteres Wetter; wird er in diesen Zeichen neu, so bringt er heitere Nächte, das letzte Viertel aber ebendaselbst heitere Morgen, wie das erste Viertel heitere Abende. Weniger sicher, aber sehr wahrscheinlich, erfolgt dasselbe, wenn der Mond in den Aequinoctialzeichen und den ihnen zunächst vorgehenden und nachfolgenden Zeichen (Fische, Widder, Stier, Jungfrau, Wage, Scorpion) steht. Am seltensten trifft die Erwartung auf seinen Einfluss zu, wenn er in den niederen Zeichen (Schütze, Steinbock, Wassermann) steht.

2. Die Monate und einzelne Tage

Januar.

A Der Monat.

Auf einen gelinden Januar folgt ein kalter Februar, aber ein gutes Frühjahr und ein warmer Sommer.

> Ist der Januar gelind,
> Lenz und Sommer fruchtbar sind.

Oder: Wenn der Januar gelinde ist, folgt ein rauher Frühling und ein heißer Sommer. Desgleichen, wenn im Januar nicht viel Schnee und Frost kommt, so kommt beides im März und April.

> Den März fürcht' ich im Januar,
> Im Januar den März fürwahr.

Viele Nebel im Januar geben einen nassen Frühling.

> Nebel im Januar
> Macht ein naß Frühjahr.

Viel Regen im Januar schadet der Wintersaat und deutet auf einen nassen Sommer.

> Im Januar viel Regen, wenig Schnee,
> Thut Bergen, Thälern und Bäumen weh.

> Im Januar viel Wasser, wenig Wein;
> Im Januar wenig Wasser, viel Wein.

Dagegen umgekehrt:

> Sind die Flüsse klein,
> Giebt es guten Wein.

Ist der Erdboden offen und wehen viele Südwinde, so werden die Kirchhöfe gefüllt.

> Januar warm,
> Dass Gott erbarm!

> Wenn der Jänner viel Regen bringt,
> Werden die Gottesäcker gedüngt.

> Wenn's Gras wächst im Januar,
> Wächst es schlecht durch's ganze Jahr.

> Tanzen im Januar die Mucken,
> Muss der Bauer nach dem Futter gucken.

Donner im Januar hat ungestümes Wetter im Gefolge.

Wie der Januar, so der Juli.

B. Einzelne Tage

Neujahr. Morgenröthe deutet auf viele Gewitter im Sommer. Nässe oder Trockenheit an diesen Tagen verkündet dieselbe Witterung für den Monat August, (so wie die des zweiten Januar für den September.)

> Am zehnten Januar Sonnenschein
> Bringt viel Korn und Wein.

St. Vincent.

> Wie das Wetter um Sanct Vincent war,
> So wird es sein das ganze Jahr.
>
> Schönes Wetter bringt Gewinn, Merk dir das in Deinem Sinn.

Pauli Bekehrung.

> Sanct Paul schön mit Sonnenschein,
> Bringt Fruchtbarkeit an Getreid' und Wein.

Februar.

A. Der Monat.

Ein harter Februar folgt, wenn es das Jahr vorher viele Fliegen, Bremsen und Hornissen, oder viel Hopfen, Eicheln, Schlehen, Hagebutten und Steinobst gab; wenn das Haidekraut schön und voll und die Königskerze bis in die Spitze recht voll blühte; wenn die Vögel im Herbste sehr fett – und die Brust der gebratenen Gänse um Martini braun war, wenn zu Jacobi schönes helles Wetter – wenn im Sommer viel Höhenrauch war.

Die weiße (beschneite) Gans brütet besser.

Wenn die gefangenen Vögel fett sind, so folgt noch Kälte.

Es ist nicht gut, wenn's im Februar nicht stürmt, daß dem Stier die Hörner wackeln.

Nordwinde zu Ende des Februar versprechen ein gutes Jahr; bleiben sie aus, so kommen sie im April und sind schädlich.

> Nordwinde zu Ende Februar
> Vermeiden ein fruchtbar Jahr.

> Wenn Nordwind im Februar nicht will,
> Kommt er sicher im April.

Spielen im Februar die Mücken, so kommt ein kaltes, den Schafen und Bienen nachtheiliges Frühjahr.

> Wenn's der Hornung gnädig macht,
> Bringt der Lenz den Frost bei Nacht.

Wie der Februar, so der August.

B. Einzelne Tage

Lichtmeß. An diesem Tage sieht der Bauer lieber den Wolf im Schafstall denn die Sonne.

> Lichtmess dunkel
> Wird der Bauer ein Junker.

> Lichtmess Sonnenschein
> Bringt viel Schnee herein.

> Lichtmess hell und klar
> Giebt ein gutes Flachsjahr.

So lange die Lerche vor Lichtmess singt, so lange schweigt sie nach der Lichtmess.

> Wie lang die Lerche vor Lichtmess singen will,
> So lang muss sie hernachmals schweigen still.

Dorothee.

> Dorothee
> Bringt den meisten Schnee.

Mattheis.

> Mattheis bricht das Eis,
> Find't er keins, so macht er eins.

Petri Stuhlfeier.

> Wenn's an diesem Tag gefriert,
> Der Frost noch 40 Fröst' gebiert.

Fastnacht. Schönes trockenes Wetter bringt ein fruchtbares Jahr und gutes Erndtewetter. Trockene Fasten, gutes Jahr.

März.

A. Der Monat.

So viele Thaue im März, so viele Reife im April und so viele Nebel im August.

So viele Märznebel, so viele starke Regen im Sommer und zwar respective nach 100 Tagen. Dies gilt jedoch nur von den nässenden Nebeln; auf trockene folgt blos Veränderung des Wetters.

Viel Regen im März, macht einen dürren Sommer.
Wie es im März regnet, so regnet es im Juni.

> Feuchter, fauler März
> Ist der Bauern Schmerz.

Viel Wind im März (und im April viel Regen) macht einen schönen Mai.

> Trockner März und feuchter April
> Thut dem Landmann nach seinem Will.

> März trocken, April nass,
> Mai lustig von beiden was,
> Bringt Korn in'n Sack und Wein in's Faß.

> Ist der März der Lämmer Scherz,
> Treibt sie der April wieder in'n Stall.

> Märzenstaub ist Goldes werth,
> Märzenschnee thut der Saat weh.

Märzenbluth ist nicht gut,
Aprilenbluth ist halb gut,
Maienbluth ist ganz gut.

Trauert das Feld, so lacht die Scheune.
Lacht das Feld, so trauert die Scheune.

Das Schießen des Frühlings (Donner im März) verspricht ein fruchtbares Jahr.

Wenn der Guckguck häufig ruft, die Störche viel klappern, viele wilde Enten da sind und die wilden Gänse fleißig ziehen, so wird ein warmes Frühjahr.

Am Anfang oder zu End'
Der März seine Gifte sendet;
Was der März nicht will,
Das holt der April.
Was der April nicht mag,
Das steckt der Mai in'n Sack.

Wie der März, so der September.

B. Einzelne Tage.

Wie die Witterung um Frühlingsanfang ist, so pflegt sie den ganzen Sommer hindurch zu sein. Man beobachte besonders die Tage vom 20. Bis 25. März. An diesen Tagen deutet Mittags- und Abendwind auf ein gesegnetes Jahr. – Wenn noch im März nach Frühlingsanfang ein Gewitter kommt, so sind die Reife und Nachtfröste vorbei.

Mariä Verkündigung. Klares Wetter vor Sonnenaufgang zeigt ein sehr gesegnetes Jahr. Ist an diesen Tagen kein Frost mehr in der Erde, so kann man die Weinreben wieder aufziehen, sie erfrieren nicht mehr.

April.

A. Der Monat.

April kalt und nass
Füllt Keller und Faß.

Wenn April bläst in sein Horn,
So steht es gut um Heu und Korn.

Nasser April und kühler Mai
Füllt die Speicher und macht viel Heu.

Auf einen nassen April folgt ein trockener Juni.

Dürrer April ist nicht der Bauern Will,
Aprilen-Regen ist ihnen gelegen.

Warme Regen im April lassen auf eine gute Erndte und auf einen guten Herbst schließen.

Warmer Aprilen-Regen.
Großer Segen.

April warm, Mai kühl, Juni nass,
Füllt dem Bauer Scheuer und Faß.

Schöne Tage im April, unfreundliche Tage im Mai.

> Sei der April auch noch so gut,
> Er schickt dem Schäfer Schnee auf den Hut.

Wenn es im April donnert, so ist die Kälte vorbei.

Heller Mondenschein im April schadet der Baumblüthe.

Wenn die Obstbäume in zwei Monden abblühen, wird nicht viel aus der Frucht.

Wenn die Kirschen gut abblühen, thuen dies auch Korn und Wein.

Wenn die Grasmücke singt, ehe der Wein sproßt, giebt es ein gutes Weinjahr.

Der April wie der vergangene October.

B. Einzelne Tage

Georgi als factischer Eintritt des Frühjahrs. Wenn er schön und warm, so folgt rauhes und nasses Wetter; wenn vor ihm Regen gemangelt, kommt nach ihm desto mehr, und umgekehrt. So viele Tage die Frösche vor Georgi gequakt, so viele schweigen sie nachher.

24. April. Wenn sich an diesem Tage eine Krähe im Korn verstecken kann, wird ein gesegnetes Jahr.

St. Marci.

Wie lange die Frösche vor St. Marci quarren und schrei'n,
So lange müssen sie nochmals stille sein.

Mai.

A. Der Monat.

Kühler Mai
Giebt guten Wein und vieles Heu.

Mai kühl und Juni nass
Füllt den Bauern Scheun' und Faß.

Auf nassen Mai
Kommt ein trockner Juni herbei.

Will der Mai ein Gärtner sein,
Trägt er nicht in die Scheuern ein.

Gewitter im Mai bedeuten ein fruchtbar Jahr.

So viele Tage der Schlehdorn vor oder nach dem ersten Mai blüht, eben so viele Tage kommt die Erndte vor oder nach Jacobi. Je später er blüht, desto mißlicher sieht es mit der Korn- und Heuernte aus.

Blühet der Flieder schnell oder langsam ab, so geht die Erndte schnell oder langsam von statten.

Wenn der Maulbeerbaum ausschlägt, so hat man keine Kälte mehr zu befürchten.

Der Mai wie der vergangene November.

B. Einzelne Tage

Regen in der Walpurgisnacht verspricht ein gesegnetes Jahr; regnet es aber am Tage des ersten Mai, so hält der Boden nicht recht feucht und das Futter für das Vieh ist nicht recht gedeihlich.

Pankratius und Servatius und selbst Urban bringen leicht noch Frost, dagegen gut Wetter an Urban Segen auf dem Felde.

> Scheint die Sonn' am Urbanstag,
> Wird der Wein gut, wie ich sag.

Regen am Himmelfahrtstage zeigt schlechte Heuerndte an.

Nasse Pfingsten, fette Weihnachten.

Pfingstregen, reicher Weinsegen.

Juni.

A. Der Monat.

Zu viele und kalte Regen im Juni schaden dem Wein- und Bienenstock.

> Wenn naß und kalt der Juni war,
> verdirbt er meist das ganze Jahr.

> Juni, trocken mehr als nass,
> Füllt mit gutem Wein das Faß.

Nordwind im Juni ist gut zur Kornblüthe, weht Korn in das Land.

Gugucksruf nach Johanni bringt Theuerung.

Der Juni stimmt in Hinsicht der Witterung mit dem vergangenen December.

B. Einzelne Tage.

Der erste Juni. Schönes Wetter an ihm verheißt ein gesegnetes Jahr.

Marcelli.

> Sonnenjahr, Wonnejahr;
> Kothjahr, Nothjahr.

Medardi. Die Witterung an ihm dauert gern 40 Tage fort.

Was St. Medardus für Wetter hält,
Solch' Wetter auch in die Erndte fällt.

St. Veit. Regnet es an diesem Tag, so leidet die Gerste Schaden.

Längster Tag. Wie das Wetter vor und nach ihm ist, so bleibt es im Ganzen oder der Reihe nach bis zum Herbst- Aequinoctium.

Johanni. Seine Witterung hat 40 Tage Bestand. Weht um Johanni ein anhaltender Süd- oder Südwestwind, so regnet es fast täglich, denn dies ist die Regenzeit der heißen Zone; daher der Glaube, daß wenn es am Siebenschläfertage regne, es dann 7 Wochen lang regne. Dasselbe Verhältnis findet mit gutem Wetter um diese Tage statt.

Regen am Johannistag,
Nasse Erndte man gewarten mag.

Vor Johannitag
Keine Gerste man loben mag.

Tritt Johanni Regen ein,
Es wird der Rußwachs nicht gedeihn.

———

Juli.

A. Der Monat.

Was Juli und August nicht kochen, das läßt der September wohl ungebraten.

Der Juli entspricht dem vergangenen Januar.

B. Einzelne Tage.

Mariä Heimsuchung.

> Regnet es an Unser-Frauen-Tag.
> So regnet's nacheinander vierzig Tag'.

Sieben Brüder. Regen an diesem Tag dauert sieben Wochen.

Hundstage-Anfang.

> Hundstage hell und klar,
> Zeigen an ein gutes Jahr.

Jacobi. Die Witterung Vor- und Nachmittags verkündet die Witterung vor und nach Weihnachten, nemlich trübes Wetter und Regen – milde Witterung, klares und helles Wetter – Kälte. Abwechselnd Regen und Sonnenschein verspricht eine reiche Kornerndte im nächsten Jahr.

> Ist's drei Tag' vor St. Jacob schön,
> So wird gut Korn getragen auf die Böd'n.

> Scheint die Sonn' am St. Jacobstag,
> Bringt im Winter die Kält' große Klag'.

August.

A. Der Monat.

Ist's in der ersten Woche heiß,
So bleibt der Winter lange weiß.

Nordwinde im August bringen viele Tage hindurch unveränderliches Wetter.

Der Mehlthau im August ist sehr ungesund, weshalb man das Obst vor dem Genuss abwischen muss.

Der August entspricht dem vorigen Februar.

B. Einzelne Tage.

Wenn es vom zweiten bis sechsten sehr heiß ist, folgt ein harter Winter.

Wenn es am Laurentiustage regnet, so giebt es schlechtes Schaf- und Bienenfutter, d.h. es folgt schön Wetter und die Spinnen überziehen die Stoppeln und das Haidekraut.

Die Witterung des 10. Und 15., Laurenz und Mariä-Himmelfahrt, hält gewiss einige Tage an.

> Lorenz und Barthel schön,
> Ist ein guter Herbst vorauszusehn.

> Bringt Mariä Himmelfahrt Sonnenschein,
> So giebt es heuer guten Wein.

Bartholomäi. Ist Bartholomäi ein schöner Tag, so wird der ganze Herbst schön sein. Wie es an diesem Tage wittert, so soll es den ganzen Herbst wittern.

September.

A. Der Monat.

Wenn Anfang des Monats gut Wetter ist, folgt ein guter Herbst.

Donner in den ersten Tagen des September verkündet viel Schnee im Februar und ein gutes Kornjahr.

Gewitter in der zweiten Hälfte des September bringen starke Winde.

> Kühle Nächte bringen sauern Wein,
> aber die gesund sein,
> Warme Nächte bringen süßen Wein,
> aber die ungesund sein.

In der Mitte Septembers giebt es schon Nachtfröste, wenngleich noch ein schöner, langer Herbst folgt. So viele Tage es vor Michaeli reift und friert, eben so viele Tage wird es im nächsten Jahr nach dem ersten Mai reifen und frieren. Fallen die Eicheln vor Michaeli ab, so kommt der Winter früh.

Viele Eicheln vor Michaeli, viel Schnee um Weihnachten.

Viele Disteln von der großköpfigen Sorte verheißen einen schönen Herbst.

Sitzen die Läufe der Roßkäfer nach vorn zu, so ist die frühe Aussaat im Herbst die beste.

Wenn die Zugvögel nicht vor Michaeli fortziehen, so gibt es vor Weihnachten keinen harten Winter.

Der September entspricht dem vergangenen März.

B. Einzelne Tage.

Aegidi hält sein Wetter 4 Wochen fest. – Wie der Hirsch in die Brunft tritt (Aegidi), so tritt er wieder heraus (Michaeli).

> Ist Aegidi ein heller Tag,
> Ich dir einen schönen Herbst ansag'.

11. September. Regnet es an diesem Tage nicht, so folgt ein trockener Herbst.

Matthäus Evangelist. Schönes Wetter an diesem Tage hält noch vier Wochen aus.

22. September. Klares Wetter an ihm, bringt viel Winde im Winter.

Herbst-Anfang. Die Tage um ihn deuten die Witterung für den ganzen Herbst an. Nach Andern soll ein Monat von diesem Tage an gerechnet, die Witterung des ganzen ihm folgenden Jahres erkennen lassen.

Michaelis. Ist es um Michaelis schön, so folgt noch ein schöner Herbst. Wenn die Nacht vorher hell ist, so kommt ein kalter und langer Winter. Das Wetter am Vormittage gilt bi – das des Nachmittags – nach Weihnachten. Regnet's an diesem Tage, so kommt ein mäßiger Winter. Wind am Michaelistag soll die künftigen Kornpreise andeuten; wehet er gelind, so fallen sie, wehet er stark und immer stärker, so steigen sie. - Wo der Wind an diesem Tage herkommt, von da wehet er den ganzen Winter; ist er veränderlich, so wechselt er in derselben Art im Winter. Viel Flockengewölk bedeutet vielen Schnee. – Wie viele Tage es reift vor Michael, so viele Tage reift und friert es um St. Görgen (23. April).

October.

A. Der Monat.

Wärme und Gewitter im October deuten auf einen veränderlichen, aber gelinden Winter.

Warmer October, kalter Februar.

Viel Regen im October, viel Wind im December.

Regen am Ende Octobers, verkündet ein fruchtbares Jahr.

Frost und Schnee im October – gelinder Januar und Februar.

So viel Tage vom ersten Schnee bis zum nächsten Neumond, so viel Mal thaut es im Winter wieder auf (Gilt auch respective für den November).

Wenn trockene Nordwinde wehen, so wird das Getreide kommenden Sommer nicht gerathen.

Wenn Eicheln und Bucheckern gut gerathen, so folgt ein starker Winter mit vielem Schnee.

Bleibt das Laub lang auf den Bäumen, so folgt ein harter Winter und kommendes Jahr giebt es viel Ungeziefer. Fällt es zeitig, so ist ein schöner Herbst und gelinder Winter zu erwarten. Bleibt das Laub nahe am Stamm liegen, so folgt ein fruchtbares Jahr. Werden die Blätter der Birke von untenauf gelb, so kommt ein zeitiger Winter, färbt sich aber die Spitze zuerst – ein später.

Blühen die Bäume noch einmal, so darf man nicht auf große Fruchtbarkeit im nächsten Frühjahr und Sommer rechnen.

Wie der October, so der kommende April.

B. Einzelne Tage.

St. Gallus. Ist er trocken, so folgt ein trockener Sommer.

> Auf St. Gallen-Tag
> Muss jeder Apfel in seinen Sack.

November.

A. Der Monat.

Regen und trübe Witterung in der ersten Woche des Novembers bringen Frost und Kälte in der Weihnachtswoche.

Trübes Wetter in der Mitte Novembers giebt Kälte in der Mitte oder am Ende Januars.

Kälte in der Mitte November, folgt Kälte in der Mitte oder am Ende Januars.

Ein heller, trockener und kalter November giebt Regen und milde Luft im Januar.

Fällt der erste Schnee auf gefrornes Land, so folgt eine reiche Erndte, im Gegentheil nicht.

> Fällt der erste Schnee in Dreck,
> wird der Winter ein Geck.

Wenn das Laub spät abfällt, so folgt starke Kälte und späte Frühlingssaat.

Wenn ein zu Anfang des Monats aus einer Tanne gehauener Spahn trocken ist, so kommt ein gelinder Winter, ist er saftig – ein strenger.

Ist der Brustknochen der Martinsgans weiß, so kommt ein starker – ist er roth – ein schlapper Winter.

Wie der November, so der kommende Mai.

B. Einzelne Tage.

Allerheiligen bringt den Nachsommer.

Martini zeigt die Witterung auf den ganzen Winter an. Wenn der Martinstag trübe oder regnerisch ist, so folgt ein unbeständiger – ist er hell ein harter Winter.

> An Martini Sonnenschein,
> Tritt ein kalter Winter ein.

Erster Advent. Die Witterung dieses Tages hält bis (...?) an – oder selbst bis in die Tage des nächsten Jahres an. Kommt mit der ersten Adventswoche ein heftiger Winter, so hält er gern 18 volle Wochen an. Auf diesen anhaltenden, durch kein Aufthauen unterbrochenen Winter folgt gewöhnlich ein gutes Kornjahr.

Katharina.

> Kathrinen-Winter,
> Ein Plack-Winter.

December.

A. Der Monat.

Donner im Winterquartal,
Bringt uns Kälte ohne Zahl.

Donnert es im December, so giebt es künftiges Jahr viel Wind und Regen.

Frost im December, der bald wieder aufbricht, deutet auf einen mäßigen Winter; hält er an, so ist ein kalter Winter zu erwarten.

Kälte und Schnee im December, verheißen ein fruchtbares Jahr.

> December kalt mit Schnee,
> giebt Korn auf jeder Höh'.

Winterkälte im November und December ist nicht von Dauer; es thaut um Neujahr wieder auf; geschieht dies aber nicht, so kommt ein anhaltender Winter.

Wenn es nicht vorwintert (um Weihnachten), so wintert es nach (um Ostern).

Trockener December – trockenes Frühjahr und trockener Sommer.

Wie der December, so der kommende Juni.

B. Einzelne Tage.

Winters Anfang. Die Witterung um und an diesem Tag deutet die des bevorstehenden Vierteljahres an.

> Wenn die Christnacht hell und klar,
> Folgt ein höchst gesegnet Jahr.

Wind und Regen aber bringen ein ungesundes Jahr.

Christtag. Fällt er nahe gegen den Neumond so folgt ein harter Winter; fällt er nahe gegen den Vollmond oder gegen den abnehmenden Mond, so kommt ein nasser und gelinder Winter. Ist dieser Tag dunkel, so folgt ein guter Jahrgang. – Grüne Weihnachten, weiße Ostern; weiße Weihnachten, grüne Ostern.

Die zwölf Nächte, von Christnacht bis Heilige drei Könige, sollen die Witterung der kommenden 12 Monate andeuten.

> Sylvesters Nachtwind und Morgensonn',
> Verdirbt die Hoffnung auf Wein und Korn.

---

3. Die Aequinoctien und Solstitien *)

Dass diese Tage, deren Eintritt für Alles, was auf der Erde lebt, von so großer Wichtigkeit ist, auch insbesondere auf die Witterung Einfluss haben, kann nicht verwundern; vielmehr haben zahlreiche Beobachtungen und Erfolge gelehrt, daß jene es recht eigentlich sind, welche uns die zukünftige Witterungsbeschaffenheit im Voraus erkennen lassen.

Nach einer älteren Regel bestimmen die 24 Stunden vor und 48 Stunden nach dem Eintritt des Aequinoctiums oder Solstitiums, ihrer speciellen Witterungsbeschaffenheit nach, die Witterung der drei folgenden Monate, ihren Wochen, ja Tagen nach, und zwar so, daß jene 24 Stunden vor besagtem Eintritt den zweiten – und die letzten 24 Stunden den dritten Monat bedeuten.

Je 6 Stunden geben dabei eine Woche und circa eine Stunde einen Tag. Die Beobachtung muss demnach, wenn sie ein specielles Resultat beab-

---

*) Wiewohl dieser Tage schon im vorigen Capitel bedacht wurden, so verdienen sie doch hier noch eine ausführlichere Erwähnung.

sichtigt, fortwährend bei Tag und Nacht geschehen; Wind, Wolkenart, Nebel, Regen, Heiterkeit, Wärme- oder Kältegrad, kurz jeder Wechsel in dem Witterungsstande, oder gegentheils dessen Beharren, muß notirt werden, da man dann zugleich das Vergnügen und die Sicherheit hat, die Witterung eines bevorstehenden Vierteljahres im Voraus generell und speciell zu kennen. Auffallend müßte es sein, daß grade in diesen drei mal 24 Stunden die Witterung erstaunlich wandelbar zu sein pflegt, wenn man nicht bedächte, daß die Zeitpunkte des mittleren oder des höchsten oder tiefsten Sonnenstandes nicht ohne Einfluß auf die Atmosphäre sein können, daß diese vielmehr dadurch gewissermaßen in eine besonder Vibration versetzt wird, welche dann zugleich schon den Charakter des folgenden Witterungszustandes in sich trägt.

Nach einem anderen älteren Beobachter bestimmen 6 Tage, d.h. genau 6 mal 24 Stunden vor der Eintrittszeit des Aequinoctiums, und – mit Weglassung des Aequinoctiumstages *) selber, weil dies ein zu kritischer Zeitpunkt sei – 5 Tage nach diesem, die Witterung des nächsten halben Jahres bis zum nächsten Aequinoctium, oder eigentlich die Witterung von 5 ½ Monaten, weil der letzte halbe Monat schon in die neue Krisis und

---

*) D.h. 12 Stunden vor und 12 Stunden nach dem Aequinotial-Zeitpunkt.

Beobachtungszeit fällt. Zwei Beobachtungstage geben immer einen Monat. Es muß dabei immer Tag und Nacht hindurch Witterung, Wind, Gestalt der Wolken, Barometer und Thermometer beobachtet werden, wobei an jedem Ort auf den mittleren Stand dieser Instrumente Rücksicht zu nehmen ist. Je höher das Barometer in einem Beobachtungszeitpunkt über der mittleren Höhe steht, desto trockener wird sich die Witterung in dem entsprechenden Zeitraum zeigen, je tiefer unter dem mittleren Stand, desto feuchter und unfreundlicher. Die mittlere Höhe selbst bringt gemischtes Wetter. Je tiefer das Thermometer unter der mittleren Höhe steht, desto kühler die Luft im Sommer, desto kälter im Winter. Abweichungen sind selten und gehören zu den Ausnahmen. So machen Erdbeben Störung, jedoch die von Süden nach Norden oder von Südwest nach Nordost gerichteten eine kürzere als die, welche die umgekehrte oder eine andere Richtung nehmen. – Eine solche Beobachtunggilt ungefähr für sechs geographische Grade der Breite und eben so viele der Länge.

Nach einem neueren Beobachter sind 5 Tage vor – und 10 Tage nach dem Eintritt des Aequinoctiums oder Solstitiums die Beobachtungs- und zugleich Bestimmungsfrist für die kommende vierteljährige Witterung.

Von diesen drei sich mehr oder weniger gleichenden Beobachtungs- und Bestimmungsarten der Witterung ist die zuerst angegebene die kürzeste, die zweite aber die genaueste und erprobteste, weshalb wir hier den Liebhabern den Titel der Schrift mittheilen, in welcher sie die Anleitung dazu finden und zugleich die Gewähr dafür erkennen werden. „Über den wichtigen Einfluß der Tag- und Nachtgleiche auf die zukünftige Witterung. Ein durch 50jährige Erfahrung aufgelöstes Problem. Von Schöpfel. Königl. Bair. Forstrath. Baireuth bei Grau, 1818."

4. Die Jahreszeiten.

Frühling, Sommer, Herbst und Winter,
Der Natur gar liebe Kinder,
Sorgen für dich ohne Rast,
Was du lieb und nöthig hast:
    Frühling bringt Wonne,
    Sommer die Sonne,
    Herbst füllt die Tonne
    Winter ist Bonne*).
                      G.

Frühling.

Warme Frühlinge haben trockene und heiße Sommer im Gefolge.

Sehr warme Frühlinge geben unfruchtbare Jahre und bringen Krankheiten.

Viel Nebel im Frühjahr, viel Regen im Sommer.

Ein feuchter Frühling bringt einen kühlen Sommer, feuchten Herbst und viel Hagel und Ungewitter.

Kalte Frühjahre desgleichen.

Oefteres großes Wasser im Frühjahre giebt im Sommer große Hitze und viel Gewitter.

---

*) Ladet zur häuslichen und geistigen Arbeit ein.

Der Frühling wechselt in Hinsicht der Witterung mit dem Herbst: Trauert das Feld, so lacht die Scheune; lacht das Feld, so trauert die Scheune.

Wenn's im Frühjahr über den kahlen Busch donnert, so folgen 3 oder 9 Tage mit Kälte.

Sommer.

Warme und trockene Sommer geben gelinde Herbste und strenge Winter und den besten Wein.

Auf einen heißen, trockenen Sommer folgt ein gelinder Winter.

Ein trockener Sommer ist fruchtbar an Korn, denn „die Sonne scheint keinen Hunger in's Land."

Dagegen sind Kothjahre, Nothjahre.

>Ist Brod im Sande,
>Ist Noth im Lande.

Auf einen trockenen, aber nicht heißen Sommer folgt ein mäßiger Winter; auf einen mäßigwarmen Sommer ein mäßig kalter Winter.

Heiße Sommer geben strenge Winter und viele Erdbeben.

Kühle und feuchte Sommer geben kühle Herbste, harte Winter, ein windiges Jahr und sind dem Getreide, dem Wein und der Gesundheit schädlich.

Nach feuchten, besonders nach kalten Sommern fängt die Winterkälte früher an, als nach warmen oder gemäßigten.

Auf einen nassen Sommer folgt leicht Theuerung im nächsten Jahre.

Alle außerordentlichen Sommer bringen Unfruchtbarkeit und Krankheiten.

Viel Höhenrauch im Sommer deutet auf einen kalten Winter.

Unter sieben Jahre sind meistens drei sehr fruchtbar.

Herbst.

Auf einen heitern Herbst folgt ein nasses Frühjahr.

Einem warmen und nassen Herbst folgt ein strenger Winter.

Feuchte Herbste haben schneereiche Winter und Erdbeben im Geleite.

Viel Nebel im Herbste – viel Schnee im Winter und darauf ein gesegnetes Kornjahr. Man sagt davon: „Der Schnee blüht."

Kalte Herbste geben frühe und kalte Winter und sind der Gesundheit schädlich.

Wenn im Herbste (und Winter) viele kalte Ostwinde gehen, folgt ein gutes Obstjahr.

Findet man im Spätherbste Baumblüthen, so darf man nicht auf große Fruchtbarkeit im nächsten Frühjahr und Sommer rechnen.

Wie der Herbst, so der Frühling.

Winter.

Der Winter tritt zeitig ein, wenn der Sommer feucht, und besonders, wenn er kalt war, wenn die Eicheln vor Michaeli abfallen, wenn die Zugvögel zeitig wegziehen.

Ein strenger Winter folgt, wenn der Sommer heiß war, wenn das Haidekraut viel blüht, wenn die Zwiebeln dickschälig sind, wenn die Hasen im Herbst einen starken Winterpelz haben, wenn das Brustbein der Martinsgans weiß ist.

Der Winter wird gelind sein, wenn ein nasser Sommer vorherging, wenn der Herbst stürmisch und das Ende des Herbstes nass war; wenn im Herbste viel Mäuseklee auf den Feldern wächst, wenn die Rosen noch im Herbste blühen, wenn das Laub der Bäume zeitig fällt.

Frühe oder harte oder anhaltende Winter sind dem Getreide schädlich, feuchte – nützlich; gelinde Winter sind dem Getreide und Wein am nützlichsten, der Gesundheit aber schädlich.

Früher Winter, kaltes Frühjahr.

Später Winter, spätes Frühjahr.

Kalte Winter bringen kalte Frühlinge und warme Sommer.

Auf einen gelinden Winter folgt ein trockener Sommer.

Nach einem regnigten Winter kommt ein kühler und feuchter Sommer mit Winden.

Schneereiche Winter werden von kalten und feuchten Frühlingen mit Ueberschwemmungen – und fruchtbaren Jahrgängen gefolgt. „Schneejahr, reich Jahr."

Wie der Winter, so der Sommer.

5. Die Erscheinungen in der Atmosphäre.

Nächst dem Mondwechsel sind die mannigfaltigen Erscheinungen, welche die Atmosphäre , ihren verschiedenen Zuständen nach, darbietet, die auffallendsten, kein Wunder also, daß man an ihnen schon seit den ältesten Zeiten Wahrnehmungen, in Bezug auf bevorstehende Witterung, machte. Es beruht dabei, wie schon der Schauplatz: Dunstkreis – besagt, alles auf dem Zustande, in welchem sich die Dünste befinden, ob sie gasartig in der Luft aufgelöst sind oder sich zu dünneren oder dichteren Dämpfen vereinigen; Unterschiede, die aller Wahrscheinlichkeit nach durch die verschiedenen Grade der elektrischen Spannung in der Atmosphäre bedingt sind, weshalb es nothwendig scheinen dürfte, bei Wetterbeobachtungen behufs der Vorherbestimmung der kommenden Witterung einen Elektrometer zur Hand zu haben.

A. Erscheinungen der Sonne.

a. Sonnenflecke. Sie sind von zweierlei Art, dunkle (Sonnenflecke schlechthin genannt) und lichte (Sonnenfackeln). Erstere sind Trennungen in der die Sonne (in großer Entfernung) umgebenden Lichtsphäre, letztere Anhäufungen in selbiger. Sind erstere (durch welche man auf die Oberfläche der Sonne hindurchsehen kann) bedeutend, so vermindern sie die Wärme an der Erde erregende Kraft der Sonne, sie bringen also kühlere Witterung. Letztere, wenn sie groß und häufig sind, erregen größere Wärme an der Erde. – Uebrigens kann man beide nur durch Teleskope erkennen; jedoch versäumen die Astronomen nicht, uns davon zu benachrichtigen.

b. Nebensonnen. Während die Sonnenflecke der Sonne selbst angehören und nur ihrer Einwirkung auf unsere Witterung wegen hier erwähnt werden konnten, findet die Erscheinung von Nebensonnen lediglich in unserer Atmosphäre statt. Ihre Stellung, so wie ihre Farbe bestimmt den Schluß auf nachfolgende Witterung. Zuweilen stehen sie über, zuweilen unter, am öftesten neben der Sonne, daher der Name. Manchmal sind sie völlig weiß, zuweilen roth, am häufigsten regenbogenfarb. Alle diese Verschiedenheiten haben ihre besonderen Ursachen. Sind sie weiß, so zeigen sie eine fast vollendete Zersetzung der wässerigen Dünste in Gas an, und es folgt ihnen daher selten Regen, sondern meist schön Wetter. Auch sind es mehrentheils die über der Sonne stehenden Nebensonnen, welche diese Farbe zeigen. Geht dieselbe in das Röthliche über, so bringen sie unter zehn Fällen gewöhnlich neunmal gutes Wetter. Aber anders ist es, wenn sie im Glanze des Regenbogens strahlen; dann folgt ihnen allezeit Regen, und dieser ist gewöhnlich desto stärker und länger dauernd, je länger sie stehen und je mehr sich deren zeigen; Beweise, daß die Luft mit wässrigen Dünsten stark geschwängert ist. – Wenn bei hellem Himmel zu beiden Seiten der Sonne kleine Wölkchen oder Streifen stehen, an deren der Sonne zugekehrten Enden sich abgebrochenen Stücke eines Regenbogens zeigen, so kann man mit Sicherheit im Sommer auf ein Gewitter in den nächsten 24 Stunden rechnen, im Winter aber auf Regen oder Schneegestöber.

c. Sonnenkreise, einfache, ohne Vollendung zu Nebensonnen, welche stets in den Durchschnittspunkten mehrere Kreise erscheinen, bedeuten vielen Regen, im Winter viel Schnee.

d. Sonnen-Auf- und Untergang. Geht die Sonne weiß und groß auf oder unter, so folgt Regen; wenn dunkelroth und klein – schönes Wetter. Geht sie trübe auf oder hinter Wolken unter, so giebt es Regen. Wenn bei Sonnenaufgang eine kleine finstere Wolke mit noch dunklerem Kern bei der Sonne steht, so folgt in einem oder zwei Tagen Regen. Steht die Wolke grade vor der Sonne, so geht das Wetter über den Ort des Beobachters, steht sie neben der Sonne, so geht es nach der nämlichen Seite hin. Eine kleine kernige Wolke vor der untergehenden Sonne giebt den folgenden Tag viel Regen; dagegen schaden Wolken neben der untergehenden Sonne dem guten Wetter nicht. Ist die Sonne bei ihrem Untergange nach schönem Wetter im Sommer von einem Wölkchen begleitet und wird beim Aufgang wieder von einem solchen empfangen, welches sich dann vergrößert, so folgt bald ein Gewitter. Wenn nach Sonnenuntergang ein dicker Nebel über den Flüssen, Bächen und den benachbarten Wiesen liegt, so folgt anhaltend schönes Wetter. Geht die Sonne bei Westwind heiter auf, so folgt Regen; bei Ostwind - schönes Wetter. War der Tag bei Westwind regnerisch, und die Sonne geht hell unter, so folgt wenigstens für den andern Tag gut Wetter.

> Der Morgen grau, der Abend roth,
> Ist ein guter Wetterbot'.

Wenn die Sonne, auch bei Tage, blaß aussieht, folgt Regen.

e. Morgen- und Abendroth. Wenn die Morgenröthe lange vor Sonnenaufgang erscheint und bis zum Zenith (Scheitelpunkt am Himmel) steigt, so ist sie ein untrügliches Zeichen von Sturm und Regen, am häufigsten im Herbste.

> Morgenroth fällt in Koth.

Wenn sie aber kurz vor Sonnenaufgang erscheint, mit Azur und Violett verschmolzen und nur bis zum dritten Theil der Höhe des Zeniths hinaufsteigend, so ist sie Vorbote eines schönen Tages. Wenn die Abendröthe ein allgemeines Gluthmeer ist, welches sich bis nach Osten hin verbreitet, so folgt Regen; ist sie niedrig und zieht sich gegen Süden hin, so giebt es schön Wetter.

Abendroth schön Wetter Bot'.

Ein gelber Abendhimmel bedeutet Wind, ein grüner – Regen.

f. Das Zodiakallicht, um die Aequinoctien sichtbar, ist Erleuchtung der obersten Dünste durch die längst untergegangene Sonne, längs der Spur ihrer (scheinbaren) Bahn, am westlichen Himmel, und deutet auf Regen, eben weil die Dünste in der Höhe liegen, also wieder herabkommen müssen.

B. Erscheinungen am Monde.

Neben-Monde entsprechen in ihrer Bedeutung genau den Nebensonnen; s. diese.

Mond-Hof bedeutet Regen oder Schnee oder starken Wind, und zwar wird das Wetter von der Seite kommen, wo der Hof sich zuerst verliert. Je größer der Hof, desto näher der Regen.

Mond- Auf- und Untergang. Hier gilt dasselbe wie von der Sonne und aus gleichen Gründen; s. dort.

Farbe des Mondes überhaupt. Scheint er hell und weiß (silbern), so folgt schönes Wetter; roth – kommt Wind.

Mondhörner. Sind sie spitz und scharf, so giebt es schönes Wetter; stumpf und trübe – Regen oder Schnee; denn ersteres ist ein Zeichen, daß wenig, - letzteres, daß viele Dünste in der oberen Luft sind. Je nachdem am zunehmendem Monde die obere Spitze oder die Mitte oder die untere Spitze dunkler erscheint, giebt es im ersten Viertel oder im Vollmond oder im letzten Viertel Regen oder Schnee.

Hat der Neumond einen horizontalen Stand gleich einem auf dem Wasser schwimmenden Schiffchen, so bedeutet es trockene Witterung; ist er aber hängend, gleich einem ausgegossenen Becken, so bedeutet es viel Regen und üble Witterung. – Ist bei'm Neumond die ganze Scheibe sichtbar, wie dies häufig zu Ende des Winters und Anfang des Frühlings der Fall ist, so zeigt dies noch lange anhaltende Kälte und trockene Witterung an. – Ist der Neumond schon am zweiten Tage sichtbar, so deutet es auf eine trockene und feste Witterung.

Mondregenbogen bringt in warmer Jahreszeit Gewitter mit Hagel, in kalter - vielen Schnee.

C. Anderweitige Erscheinungen am Firmament.

Milchstraße. Wenn sie klar erscheint, bleibt schönes Wetter, weil jenes ein Zeichen ist, daß wenig Dünste in der oberen Luft vorhanden sind.

Wenn *die Sterne* stark flimmern und glänzen, steht Regen bevor, weil jenes ein Zeichen von vielen in der Luft befindlichen Dünsten ist.

Sternschnuppen. Sie sind wahrscheinlich eine Art Verpuffung von Stoffen, die von der Electricität in der Luft zusammengebracht, entzündet und theils zur Erde hinabgetrieben werden. Viele Sternschnuppen bewirken, wie das Wetterleuchten, eine Abkühlung der Luft, auch soll ihnen Wind folgen.

Die Feuerkugeln sind dasselbe im Großen. (Die Meteorsteine sind vielleicht verwandter Natur, nur aus dichteren Dünsten durch Electricität plötzlich zu Steinmasse verschmolzen, da sie dann der Schwere zufolge sogleich zur Erde niederstürzen müssen.)

Nordscheine. Sie sind ein Zeichen von einer Menge unreifer Electricität in der Luft. Ueberfluß von wässerigen Dünsten und dadurch eingehüllter Wärmestoff sind die Ursachen, welche der Reife im Wege stehen. Daher deuten Nordscheine im Winter auf einen nassen Sommer; auch folgt ihnen stürmische Witterung. Wenn sich bald auf den

Nordschein Nordwind einstellt, folgt im Winter kaltes, im Sommer trockenes Wetter. Daß sie von Norden (auf der andern Erdhälfte von Süden, daher Südscheine) ausgehen, zeugt eben für ihre polare, also electrische (oder wenn man Erdelectricität und Erdmagnetismus identifizieren will, magnetische) Natur.

D. Wolken.

Luftregionen. Man hat ihrer drei zu unterscheiden, die unterste oder *Thauregion*, in welcher hauptsächlich die Verwandelung des Wassergases in Wasserdämpfe und deren Niederschläge als Wassertropfen vor sich gehen; man kann diese Region zu einer halben Meile Höhe anschlagen. Dann die mittlere oder *Wolkenregion*, die bis zu 3 Meilen Höhe, welche Grenze die sogenannten Federwolken erreichen; und zuletzt die *Meteorregion*, welcher die leuchtenden Meteore, Nordlichte, Feuerkugeln und zum Theil Sternschnuppen angehören und für die man 6 Meilen Höhe annehmen kann, so daß also auf unsere Atmosphäre eine Höhe von 9 bis 10 Meilen zu rechnen sein dürfte.

Bildung der Wolken. Die Kälte, die in den höheren Regionen der Luft herrscht, veranlaßt die Bildung von Wolken, welche eine Folge der Verdichtung des Wasserdampfes sind, der sich in der Luft befindet. Da dieser Dampf ⅓ leichter ist als die Luft, so strebt er fortwährend sich zu erheben und würde in's Unendliche steigen, wenn nicht in einer gewissen Höhe die Kälte ihn verdichtete und in tropfbar flüssigen Zustand zurückführte. In diesem erhält er sich einige Zeit schwebend und bildet Wolken, welche entweder als Regen wieder herabfallen oder sich abermals in der Luft auflösen.

Wolkenformen. 1) *Stratus,* Lagerwolke, die unterste, graue und weil am häufigsten des Nachts, auch Nachtwolke. 2) *Cumulus*, Haufenwolke, abgerundet, gethürmt; liefert Winde, Gewitter. 3) *Cirrus*, Federwolke; die höchste, oft 2 bis 3 meilen hohe, zu deren Geschlecht und Standort auch die Wetterbäume gehören.

Wenn an klaren Sommertagen ein Nebel entsteht und wieder verschwindet, so folgt binnen 24 bis 36 Stunden heftiges Donnerwetter oder lang dauernder Regen. Wenn nach Sonnenuntergang über Teichen und Wiesen dicker Nebel steht, folgt anhaltend gutes Wetter. S(t?)inkende Nebel deuten auf rauhe Witterung. Nebel im Winter bei Ostwind und Kälte deuten auf Thauwetter, bei Westwind auf Kälte.

Wenn die Gebirge sehr klar erscheinen, oder wenn ihre Spitzen in Nebel liegen, folgt Regenwetter, denn ersteres ist ein Zeichen, daß die Dünste in der

Höhe sind, letzteres, daß sie bereits anfangen sich zu senken. Dagegen, wenn die Gebirge wie in einem Dunst erscheinen, bleibt gutes Wetter, weil die Dünste näher über der Erde gleich dünn vertheilt sind.

Höhenrauch an kühlen Tagen deutet auf trockene Witterung, bei heißen Tagen auf starke Gewitter. Viel Höhenrauch im Sommer deutet auf einen kalten Winter.

Wenn es über Nacht gethaut hat oder Morgens der Nebel fällt, so regnet es den Tag über nicht, es sei denn, daß bei Tage warme Winde wehen oder überhaupt Wind über den Thau gehet.

Wenn es in den ersten Reif regnet, so bleibt über Winter kein Schnee lange liegen; dagegen wenn der erste Reif im Schatten liegen bleibt folgt ein strenger Winter. Glatteis deutet Thauwetter.

Federwolken (sogenannte Schäfchen am Himmel) mit verwaschenen Grenzen bringen in ein, zwei, oder höchstens drei Tagen Regen. Wenn sie sich allmählich in die Bläue des Himmels verlieren, so folgt innerhalb einiger Tage ein Landregen; sind sie festgelagert und laufen sie in vorgestreckten Spitzen aus, so deutet dies auf Wind aus der Gegend, wohin die Spitzen stehen. Gehäufte Federwolken (zarte Schäfchen in langen Reihen), so wie fedrige Haufenwolken (Schäfchen in rundlichen Gruppen versprechen heiteres Wetter. Diese Art Wolken sind die am höchsten stehenden, denn selbst auf den höchsten Bergen sieht man sie eben so hoch über sich wie in der Ebene.

Ein *Wetterbaum* verkündet schlecht Wetter.

Etliche dünne Wolken, die sich des Morgens bei Sonnenaufgang trennen, deuten auf schönes Wetter.

Dünnes Gewölk bei hellem Himmel und bei Frost im Winter bringt den dritten Tag Thauwetter.

Erscheinen Wolken schon bei Aufgang der Sonne um sie her oder lagern ihr gegenüber, so folgt Gewitter oder Regen oder starker Wind.

Kommen die Wolken erst einige Stunden nach Sonnenaufgang zum Vorschein und bewegen sich langsam, indem sie sich dabei verdünnen, und eine helle Farbe haben, so folgt ein schöner Tag; rücken aber die in den Morgen- und Vormittagsstunden aufgestiegenen Wolken vor und verstärken sich im Fortrücken, wobei ihre äußeren Begränzungen eine immer dunklere Farbe annehmen, so folgt für den Tag Regen oder Wind. Verkleinerung der Wolken überhaupt verkündet heiteres - Vergrößerung derselben, nasses Wetter.

Wenn bei stiller Luft, vorzüglich im Herbst und gegen Ende Winters schuppenartiges, bald weißes bald graues Gewölk von Südwest heranzieht, so kann man sicher einen Sturm bald darauf erwarten.

Wenn es des Morgens oder Abends regnet, folgt anhaltend gut Wetter.

Niedrigstehende Wolken bedeuten Regen.

Schwarze dicke Wolken, die mit dem Winde aufsteigen und fortgehen, und dies zwar von Morgen bis in die Nacht, bringen einen langen Regen.

Wenn das Gewölk bei einem Landregen sich geschwind trennt, und der Himmel mit einem Male hell wird, so hat dies keinen Bestand; wird aber das Gewölk nach und nach dünn und verzieht sich allmählich, so folgt beständiges schönes Wetter.

Bei Regenwetter bedeuten geschwind treibende Wolken noch längeres.

Etliche rothe Wolken nach klarem Sonnen-untergang deuten auf schönes Wetter.

Finstere schwarze Wolken, die auf einen feuerrothen Untergang der Sonne folgen, bringen regen und unbeständiges Wetter.

Gewitter, deren Ränder vom Winde gleichsam zerzauset sind, lösen sich wieder auf. – Hier kann bemerkt werden, daß Wind, zumal Wirbelwind, ebenfalls eine Entladung der Electricität ist, wie den bei fortwehendem Winde während hellen und heißen Wetters keine Gewitter zu Stande kommen.

Braune, dunkelrothe Wolken bei schwüler Luft deuten auf gefährliches Donnerwetter; grünliche auf Wolkenbrüche; weißglänzende auf Hagel; schwarze auf viel Donner, aber ohne zu zünden.

Wenn die Sonne nach einem Regenwetter Wasser zieht und sich die Wolken dabei trennen, so wird schön Wetter; zieht sie Wasser und es sammeln sich dabei Wolken, so folgt Regenwetter.

Wetterleuchten an heißen Abenden bringt baldiges Gewitter.

Der Richtung des ersten Gewitters im Jahre folgen gewöhnlich alle Gewitter bis kurz nach Johanni. Kommt das erste Gewitter aus Norden, so gibt es das Jahr viel Schloßen.

Wenn der Regenbogen einen gegenschein hat, so folgt mehr Regen. Ueberhaupt sind Regenbogen Anzeigen einer fortwährend zum Regen disponirten Luft. Ebenso deuten Wassergallen, Theile von Regenbogen, namentlich auf dem Horizont ausstehende auf mehr Regen.

Staubregen pflegt ein sicherer Vorbote guten Wetters zu sein.

Wenn feiner Hagel fällt, folgt Kälte.

Wenn der erste Schnee nicht liegen bleibt, giebt es keine anhaltende Kälte.

Wenn der Schnee, zu einem Ballen festgedrückt, über dem Licht schwer schmilzt, so bleibt er liegen, im Gegentheil nicht.

E. Winde.

Die Winde im Großen. Der oberste Wind, Urwind, geht, wie die Axendrehung der Erde, von West nach Ost. – *Die secundären Winde,* sogenannte *Passatwinde,* folgen der Erwärmung der Erde durch die Sonne, also von Ost nach West. Monsoune sind: durch die Gestalt der Küsten und deren vom Meer verschiedene Erwärmung modificirte Passatwinde. Die Orkane in Westindien sind gestörte, gleichsam gebrochene Passatwinde und kommen von Osten, während Orkane außerhalb der Region der Passatwinde der allgemeinen Westströmung folgen.

Bei uns ist der *Süd-West-* und der *Nord-Ost-Wind* der häufigste. Ersterer bringt im Sommer bei bedecktem Himmel Regen und kühle Witterung mit, wenn er aber anhält, wird es warm und heiter, abwechselnd mit Gewittern. Im Winter bringt er milde Witterung und Schnee, auch Thauwetter. – Der Nord-Ost bringt im Winter heitern Himmel und Kälte, im Sommer heitern Himmel und mäßige Wärme, und, bleibt er lange herrschend, Trockenheit.

Der Nordwind bringt kalte und schaurige – der *Westwind* feuchte, *der Nordwestwind* kalte und feuchte – *der Südwind* warme, mehr feuchte als trockene Witterung mit. Wenn der Ostwind länger als drei Tage steht, hält er neun Tage an; der

Südwind desgleichen, auch letzterer bringt dann im Winter Kälte. Wehet der Südwind 3 Tage stark, so bringt er im Sommer Regen, im Winter Thauwetter.

Zur Zeit der Aequinoctien springen die Winde am meisten um, daher dann das Wetter am unbeständigsten und sehr stürmisch ist.

Wie der Wind am Quatember weht, so soll er das ganze Vierteljahr vorherrschend bleiben.

Weht um Johanni ein anhaltender Süd- oder Südwestwind, so regnet es fast täglich, denn dies ist die Regenzeit der heißen Zone.

Wenn der Wind der Sonne folgt, also des Morgens aus Osten – des Mittags aus Süden weht, so bleibt einige Tage gut Wetter.

Wenn die Luft so rein ist, daß man im Freien weit sehen kann, so folgt Nordwind.

Wenn eine gänzliche Windstille bei großer Hitze eintritt, und diese auf den Körper stark einwirkt, so folgen die heftigsten Gewitter.

Kleine Wirbelwinde an hellen Sommertagen deuten auf baldige Gewitter.

F. Das Barometer.

Standort. Das Barometer muss an der inneren Wand an einem Fenster hängen, wo die Sonne es nicht bescheinen kann. (Das Thermometer dagegen in freier Luft, gegen Nord oder Nordost.)

Täglicher Barometerstand. Wie das Meer hat auch die Luft ihren regelmäßigen Wellenschlag. In den Stunden 4 Uhr Morgens und 4 Uhr Nachmittags ist der niedrigste – 10 Uhr Morgens und 10 Uhr Abends der höchste Barometerstand.

Steigen und Fallen. Sein Steigen hat im Allgemeinen heitere, stille, trockene Witterung zur Folge, sein Fallen trübe, windige, nasse. Ost- und Nordwind machen das Quecksilber steigen, Süd- und Westwind fallen*) Je kälter die Luft ist, desto höher steigt es, je wärmer, desto tiefer sinkt es; daher steht es auch an heitern Sommertagen Mittags tiefer als Morgens und Abends. Bei herannahendem Gewitter steigt es schnell. – Zur Zeit der Aequinoctien ist das Quecksilber besonders unruhig.

---

*) Vergl. die Einleitung.

Barometer und Windstand zusammen.

1) Steht das Barometer über der mittleren Höhe und der Wind ist Ost oder Nordost, so folgt anhaltend trockene Witterung.

2) Steht das Barometer über der mittleren Höhe und der Wind ist Süd oder Südwest und die Luft trübe, so folgt ungewöhnliche Witterung; im Winter sehr lau, im Sommer sehr schwül, mit heftigen Gewittern und Stürmen.

3) Steht das Quecksilber sehr tief unter der mittleren Höhe und der Wind ist Ost oder Nordost, bei warmer und feuchter Luft, so folgt im Winter tiefer Schnee mit heftiger Kälte, in den anderen Jahreszeiten aber unfreundliche, rauhe, oft nasse Witterung.

4) Steht das Barometer über der mittleren Höhe bei Nord- und Nordost und die Luft ist klar, so folgt im Sommer trockene und heiße Witterung, im Winter viel Schnee mit Kälte.

5) Bei mittlerem Stand des Barometers und West oder Nordwest giebt es im Winter Regen und Stürme, im Sommer streichende Gewitter.

6) bei mittlerem Stand und Süd oder Südost giebt es im Winter große Kälte, im Sommer große Hitze.

7) Auf dichte Nebel mit tiefem Stand des Barometers fplgt bald häufiger Regen; bei hohem Stand Höhenrauch, der Vorbote heftiger Gewitter und anhaltenden Regens.

8) Ist das Quecksilber bald im Steigen, bald im Fallen begriffen, und der Wind wechselt häufig, so folgt sehr unstätiges, veränderliches Wetter.

9) Beim schnellen Steigen und Fallen des Barometers und Umsetzen des Windes aus Nord in Süd oder aus Ost in West, folgt in 12 Stunden heftiger Sturm und gänzliche Umänderung der Witterung.

10) Im Winter ist zu bemerken:

a) Liegt das Quecksilber bei stiller Luft aus Süd oder Südost tief, so folgt Regen oder doch Thauwetter.

b) Liegt es tief bei Südost oder Nordwest, so kommt binnen 12 Stunden Schnee, und zwar bei Südost von kurzer Dauer, bei Nordwest mit Frost.

c) Steht es tief bei Nord- oder Nordost, so kommt Schnee mit großer Kälte.

d) Steht es hoch über dem mittleren Stande bei Süd oder Südwest, so folgt ungewöhnlich laue Witterung.

6. Witterungsanzeigen an leblosen Gegenständen.

Regenwetter folgt: wenn die Steine in oder an den Gebäuden feucht werden (schwitzen), wenn das Salz und dessen Gefäße feucht werden, wenn der Ruß im Schornsteine herabfällt; wenn der Rauch im Schornsteine sehr dick ist, nicht hinaus will und draußen hinabsinkt; wenn die Schornsteine tröpfeln; wenn der Wind im Schornsteine und in den Kaminen heult; wenn das Feuer auf dem Herde blaß brennt und an den daranstehenden Töpfen sich viel Funken anhängen; wenn die Lichter sprühen, dunkel brennen und ein farbiger Kreis um sie erscheint; wenn die Meubles, besonders die von Eichenholz, knaxen; wenn die Saiten auf den Instrumenten sich ziehen oder springen; wenn ledernes Riemenzeug einschrumpft, wenn wollene Kleider sich feucht anfühlen; wenn das Papier schlapp wird; wenn Thüren und Schlösser ungewöhnlich schwer zugehen; wenn die Spinnweben ohne Zug umherfliegen; wenn Sümpfe, unterirdische Kanäle, Düngerhaufen, Rinnsteine und Abtritte riechen, wenn ferne Berge und Waldungen näher scheinen, wenn die Wälder rauchen und der Rauch auf den Ortschaften liegt.

Wenn Strohdächer nach einem Gewitterregen dampfen, so kommt noch mehr Regen und Gewitter.

Wenn der Rauch aus den Schornsteinen grade in die Höhe steigt, bleibt oder kommt gut Wetter.

Wenn die Flamme still und ohne Sprühen brennt, so kommt trockene Witterung.

Wenn im Winter das Feuer röther und die Kohlen besonders glühend erscheinen, wenn das Feuer stark flackert und tobt, so folgt große Kälte.

Wenn bei Frost die Mauern Reif ansetzen, steht Thauwetter bevor.

Im Winter wenig Wasser in den Brunnen, deutet auf ein folgendes trockenes Jahr.

Ein Stück ungefärbtes *Seehundsfell* ist ein guter Wetter-Prophet; vor anhaltend trockenem Wetter richten sich die Haare in die Höhe, vor anhaltend nassem legen sie sich nieder.

Einfaches Wetterglas für den Landmann.

Man schüttet in ein irdenes Gefäß 1 bis 2 Kannen saure Milch, setzt es auf den Feuerherd oder sonst an einen warmen sichern Ort, und sieht von Zeit zu zeit darnach. Je weißer und fetter die geronnene Milch oben steht, desto beständiger ist das Wetter; fängt sie aber an zu sinken und das Dünne hebt sich, so kommt unfehlbar Regen. Je mehr oder weniger sich das Dünne über die geronnenen

Stücken ausdehnt, je länger und stärker – oder kürzer und schwächer kommt der Regen. Alle Tage wird ein ander Gefäß mit geronnener Milch hingesetzt und das Vorige verbraucht.

Taschenuhren gehen schneller bei bevorstehendem, nassen, stürmischen Wetter, langsamer bei gutem.

---

7. Pflanzen als Wetter-Verkünder.

So lange der *Maulbeerbaum* nicht ausschlägt, steht noch Frost zu erwarten.

Wenn der *Mandelbaum* mehr Blüthen als Blätter hat, folgt ein fruchtbares Jahr.

Wenn die *Weide* vor Walpurgis grünt, ist vor Jacobi Erndte.

Duftet die *Birke* ungewöhnlich stark, so folgt Regen. Werden ihre Blätter von unten auf gelb, so kommt ein zeitiger Winter, färbt sich aber die Spitze zuerst – ein später.

Zeigt die *Erle* sich hell, so kommt Frost, dunkel, so Thauwetter.

Blühet der *Schlehdorn* vor dem – oder am ersten Mai, so wird der Roggen vor oder zu Jacobi reif und man darf schönes Wetter zur Heuerndte hoffen; je später er aber nach dem ersten Mai blüht, desto mißlicher sieht es mit der Heu- und Kornerndte aus.

Blühet *der Flieder* schnell oder langsam ab, so geht die Erndte je schnell oder langsam von statten.

Zeitiges oder spätes, starkes oder schwaches Blühen des *Haidekrautes* (Erica vulgaris) zeigt einen frühen oder späten, starken oder schwachen Winter an.

Viele *Disteln* von der großköpfigen Sorte verheißen einen schönen Herbst.

Wenn der *Buchampfer* (Kuckucksklee, Trifolium acetosum) stark blühet, steht ein nasses Jahr zu erwarten, hat er wenig Blüthen – ein trockenes.

Viel *weißer Klee* deutet auf einen strengen Winter.

Wenn der abgehauene *Roggen* knastert, als ob man ihn entzweibräche, wenn der *Klee* seine Blätter schließt, wenn die *Blumen* stark riechen, so kommt Regen.

Wenn die *Herbst-Zeitlose* (Colchicum autumnale) vor Anfang September in Flor steht und die *Weißnieswurz* (Helleborus alba) vor Ende September zu blühen beginnt, so folgt ein kalter Winter; wenn aber erstere erst Anfang oder Mitte Mai mit spärlichen Blüthen langsam zum Vorschein kommt und letztere erst nach Michaeli Blumen treibt, so giebt es einen gelinden und unbeständigen Winter.

Späte Rosen im Garten deuten auf einen schönen Herbst und gelinden Winter,

Baumblüthen im Herbst lassen auf keine große Fruchtbarkeit für das nächste Jahr hoffen.

Die afrikanische *Ringelblume* (Calendula officinalis) öffnet ihre Blätter morgens zwischen 6 und 7

Uhr und hält sie offen bis gegen 4 Uhr Nachmittags, da dann die Witterung den Tag über trocken und klar bleibt. Hält jene aber nach 7 Uhr Morgens ihre Blätter noch geschlossen, so kommt am Tage Regen.

Vogelmeier (Hühnerdarm, Alsine medica) richtet bei heiterem Wetter Morgens gegen 9 Uhr seine kleinen Blümchen in die Höhe und entfaltet seine Blätter und bleibt so bis Mittag; steht aber Regen bevor, so hängt die Pflanze niederwärts und die Blümchen bleiben geschlossen.

Öffnen und Schließen der Blumen deutet je auf gutes oder schlechtes Wetter.

Wenn die *Wasserlinsen* das Wasser überziehen, folgt schlechtes Wetter, sinken sie unter – schönes.

Wenn die *Zwiebeln* dünnschälig sind, folgt ein gelinder Winter, haben sie dicke Schalen – ein strenger.

Wenn vor den Hundstagen viele *Reitzgen* (eine Art Pilze) wachsen, so geräth der Wein nicht.

Viele *Pilze* deuten auf einen starken Winter. Sind sie (die über Nacht ausschießen) Abends ohne Regen naß, so folgt ein nasser, also kein strenger Winter. Wenn über Nacht Pilze auf den Misthaufen ausschießen, folgt am Tage Regen und Gewitter oder auch statt dessen starker Wind.

Die Eichäpfel als Jahres-Propheten.

Willst du sehen, wie das Jahr gerathen soll,
So merk' dir die folgende Lehr' gar wohl:
Nimm wahr der Eichäpfel am Michaelistag.
An welchen man das Wetter erkennen mag.

1. Haben sie Spinnen, so kommt ein bös' Jahr,
2. Haben sie Fliegen, zeigt ein Mitteljahr,
3. Haben sie Maden, so wird das Jahr gut,
4. Ist nichts darin, so hält der Tod die Hut.
5. Sind die Eichäpfel früh oder sehr viel,
   So schau', was der Winter anrichten will.
   Mit viel Schnee kommt er vor Weihnachten,
   Darnach magst du große Kält' betrachten.
6. Sein die Eichäpfel schön innerlich,
   So folgt ein schön Sommer sicherlich,
   Auch wird die Zeit wachsen schön Korn,
   Also ist Müh' und Arbeit nicht verlorn.
7. Werden sie innerlich naß gefunden,
   thun sie einen nassen Sommer verkunden.
8. Sind sie mager, so wird der Sommer heiß;
   Dies sei dir gesagt mit allem Fleiß.

(Einige andere Wetter-Anzeigen an Pflanzen kamen schon in Kapitel 2 vor).

---

8. Thiere als Wetter-Propheten*)

A. Würmer.

Wenn die *Regenwürmer* viele kleine Häufchen neben einander aufwerfen, folgt schönes Wetter; wenn sie häufig aus der Erde kriechen, Regen und Ungewitter.

Wenn die *Gartenschnecken* häufig auf den Beeten und in den Wegen sich finden, so deutet das auf Gewitterregen.

Wenn der Bluegel im Glas auf dem Boden zusammengerollt liegt, folgt gutes Wetter, bewegt er sich viel – schlechtes.

B. Insekten.

Wenn die *Johanniswürmchen* ungewöhnlich leuchten und glänzen, kann man sicher auf schön Wetter rechnen. Lassen sie sich bis zum Johannistage nicht sehen, so ist die rauhe Witterung schuld, so wie sie im Gegentheil bei

---

*) Einiges hierher Gehörige fand schon in Kap. 2 seine Stelle.

guter Witterung noch im Herbste sich zeigen.

Viele *Raupen* im Frühling und Sommer bringen einen trockenen Herbst.

Wenn *die Spinnen* von den Wänden fallen, kommt Regen und Ungewitter. Die Spinnen und namentlich die Kreuz- oder Hängespinne und die Haus- und Fensterspinne sind untrügliche Wetter-Propheten. Um sie in dieser Eigenschaft zu benutzen, muß man sie nicht füttern und sie überhaupt nicht merken lassen, daß man sie beobachte; auch versteht sich, daß sie sonst auf keine Weise gestört werden dürfen. Die großen oder alten Spinnen zeigen das Wetter genauer an als die jungen, sie sind schon erfahrener. Wegen Zufälligkeiten ist es nöthig, mehrere zu beobachten, wozu die Frühstunden am tauglichsten sind. – Wenn die Kreuzspinne, die ihrem Gespinnste eine Kreisgestalt in senkrechter Lage giebt, lange und große Netze macht, so pflegt anhaltend schönes und trockenes Wetter zu folgen. Sieht man nur wenige von ihnen beschäftigt, und diese nur kurze Fäden ziehen, so ist das Wetter veränderlich; arbeiten sie gar nicht, so kommt regnerische, stürmische Witterung. Fangen sie während des üblen Wetters ein neues Gewebe an, so deutet dies auf Uebergang zum bessern. Wenn sie bei heftigem Sturme die Hauptfäden oder die Radien (Speichen) ihres radförmigen Gewebes vollenden, so ist dies ein Zeichen, daß sich das Ungewitter in wenigen Stunden legen wird. Wenn man um 10 Uhr Morgens die Kreuzspinne im Mittelpunkte ihres Gewebes trifft und sie dasselbe mit den Füßen rüttelt, so ist einer der schönsten Tage zu erwarten. – Die Hausspinne, welche ihr Gewebe wagerecht in den Gebäuden anlegt, sitzt, wenn schönes Wetter bevorsteht, ganz vorne im Neste, guckt mit dem Kopfe heraus und streckt die Vorderbeine desto weiter hervor, je länger das schöne Wetter anhalten wird. Bei bevorstehendem anhaltend gutem Wetter vergrößert sie wohl auch ihr Gewebe. Je weiter sie sich aber mit umgekehrtem leibe in den Hintergrund des Netzes, das eigentliche Nest, verkriecht, desto anhaltend schlechter wird das Wetter. – Die Winkelspinnen kämpfen im Winter um ihre Nester; je mehr sie dies thun, desto strengere und anhaltendere Kälte steht bevor. Ueberhaupt, wenn sich die Spinnen im Winter bewegen, hält die Kälte an. – Wenn die Spinnen im Freien fleißig weben, so deutet dies auf beständiges, schönes Wetter, arbeiten sie nicht, so folgt schlechtes. Arbeiten sie bei Regen, so hört er bald auf und es folgt schönes, beständiges Wetter. – Wenn die Spinnen Eier legen, kann man auf günstige Witterung rechnen.

Wenn die *Mücken* Abends im Sonnenschein auf- und niedersteigen (spielen), folgt schönes Wetter; spielen sie aber im Schatten, so kommt Regen und Wind.

Wenn die *Bremsen, Fliegen, Mücken, Flöhe* sehr stechen, kommt Regen und Ungewitter.

Wenn die *Bienen* im Stocke bleiben, folgt Regen; eben so, wenn sie Mittags viel um den Stock herumschwärmen.

Wenn die *Ameisen* durch einander laufen, ohne zu arbeiten, folgt Regen und Ungewitter. Wenn die Waldameisen ihre Haufen im Juli größer machen, deutet dies auf einen zeitigen und kalten Winter.

Wenn die *Mistkäfer* Abends auf den Fahrwegen umherfliegen, folgt schönes Wetter.

Wenn die Krebse an's Land kommen, folgt Ungewitter.

C. Fische.

Wenn die Fische im Wasser hoch gehen und aufspringen, folgt Regen.

Wenn die Steinschmerle (Wetterfisch) im Glase über dem Sande steht und das Wasser helle läßt, folgt gutes Wetter, rührt sie aber den Sand auf, so kommt schlechtes.

D. Amphibien.

Wenn die *Frösche* Abends quaken, so folgt schön Wetter, wenn des Morgens – Ungewitter. Quaken sie nach kaltem Regen, so folgt warmes und trockenes Wetter; quaken sie bei Wärme, welche auf trockene, kalte Witterung folgte, so steht Regen bevor. Wenn die Frösche aus dem Wasser gehen und sich in den Wiesen zerstreuen, oder wenn sie sich in das Wasser zurückziehen, folgt Regen. Wenn der *Froschlaich* zu Anfang des Frühlings tief im Wasser liegt, so deutet dies auf einen trockenen und warmen Sommer, liegt er im flachen Sande des Ufers, so folgt ein nasser Sommer.

Wenn der *Laubfrosch* im Glase oben sitzt, so folgt schönes Wetter. Quaken sie des Nachts sehr, so folgt Ungewitter.

Wenn die *Kröten* hervorkriechen und die *Schlangen* sich schon des Morgens sehen lassen, kommt Gewitter.

E. Vögel.

Wenn die *Vögel* zu ungewöhnlicher Zeit krähen, dann ändert sich das Wetter.

Wenn die *Hennen* sich viel putzen und pipend umhergehen oder sich im Staube wälzen (baden), so folgt Regen. Wenn sie des Morgens aus dem Stalle zu gehen zögern, desgleichen, wenn sie zu Anfang des Regens nicht bald unter Dach gehen, so regnet es lange.

Wenn die *Tauben* spät vom Felde nach Hause kommen, folgt Regen. Wenn die Holztauben viel rufen, folgt schönes Wetter.

Wenn der *Pfau* bei Tage schreit, folgt schön Wetter; schreit er bei Nacht, so kommt Regen; desgleichen, wenn er sich hoch setzt.

Wenn die *Gänse* mit Zank und Geschrei an das Futter gehen, wenn sie und *die Enten* mit vielem Schnattern baden und dabei viel untertauchen, kommt Regen und Ungewitter.

Wenn die *wilden Gänse* in guter Ordnung ziehen und schreien, folgt gut Wetter; verlassen sie aber ihre Flugordnung und ziehen stillschweigend, so kommt schlecht Wetter.

Wenn die *Wasservögel* das Wasser verlassen und sich auf das Land setzen und die Federn schütteln, und dagegen die Landvögel sich am Wasser versammeln und unter Geschrei besprengen und untertauchen, so folgt Regen und Unwetter. – Wenn die Wasservögel ihren gewöhnlichen Aufenthalt verlassen und sich in größere Wasser begeben, folgt strenge Kälte.

Wenn die *Kraniche* in guter Ordnung und mit stetigem Fluge und öfters rufend ziehen, kommt gut Wetter; wenn sie aber ihre Flugordnung verwirren und stillschweigend ziehen, kommt Regen und Ungewitter. Wenn sie bei schönem Wetter stark schreien und in der Höhe in einem Ringe umherkreisen, so folgt Ungewitter.

Wenn der *Storch* in seiner Ankunft im Frühjahre schmutzig aussieht, so folgt ein nasser Sommer, sieht er reinlich aus – ein trockener. Baut er bei seiner Ankunft viel am Nest, so giebt es einen nassen Sommer. – Wenn der Storch mit beiden Beinen im Nest steht, sich schüttelt und den Schnabel in die Federn steckt, so folgt Regen und Ungewitter.

Wenn *der Reiher* sich traurig auf das Feld setzt oder hoch in den Lüften fliegt, folgt Regen und Unwetter.

Wenn *die Weihen* hoch in der Luft fliegen und spielen, so folgt gutes Wetter.

Wenn *die Raubvögel* bei schönem Wetter in der Höhe umherkreisen und schreien, folgt Ungewitter.

Wenn *der Rohrdommel* zeitig gehört wird, hofft man auf eine gute Erndte.

Kommt *die Eule* Abends zeitig hervor und schreit viel, so folgt Regen. Schreit sie dagegen des Nachts bei Regenwetter, so folgt schönes Wetter.

Wenn die *Raben* viel schreien, den Schnabel gegen die Sonne aufsperren, des Morgens auf Bäumen sitzen und die Flügel ausbreiten, wenn sie sich haufenweise im Feld versammeln, folgt schönes Wetter.

Wenn die Krähen sich baden oder gegen Abend großes Geschrei machen; wenn sie haufenweise über hohen Gegenständen (Thürmen, Bäumen, Felsen) im Kreise herumfliegen und sich dann am

Ufer des Wassers versammeln, daselbst hin- und herlaufen, sehr schreien und sich in das Wasser tauchen, so kommt Regen und Sturm. Setzen die Krähen sich im Winter auf die Spitzen der Bäume, so folgt strenge Kälte.

Wenn die *Dohlen* einsam auf den Dächern sitzen und mit den Flügeln schlagen und mit dem Schnabel in den Federn hin- und herfahren, folgt Regen und Unwetter; ebenso wenn sie des Morgens sehr schreien.

Wenn die Häher des Morgens sehr schreien, folgt schlecht Wetter.

Ebenso bei den *Elstern*. Eine Elster allein ist immer ein Zeichen von ungünstigem Wetter, denn bei solchem verläßt immer nur eine das Nest, um Nahrung zu suchen; fliegen sie aber beide aus, so deutet das auf warme, gute Witterung.

Wenn *der Blauspecht* viel knarrt und schreit, kommt schlechtes Wetter.

Wenn die *Schwalben* des Morgens mit Geschrei sich verfolgen; wenn sie dicht an der Erde und an den Mauern hinfliegen, kommt Regen und Ungewitter; fliegen sie dagegen hoch, so wird gutes Wetter.

Wenn die *Lerchen* hoch fliegen, wird gut Wetter.

Wenn die *Finken* viel pinken, kommt Regen; desgleichen wenn sie vor Sonnenaufgang schlagen.

Wenn die *Sperlinge* und andere kleine Vögel viel schreien, traurig und faul sind, kommt Regen.

Wenn die *Nachtigall* zu jeder Stunde singt, folgt schönes Wetter.

Wenn der *Zaunkönig* munter ist, wird schlecht Wetter.

Wenn die *Waldvögel* nach den Nestern eilen, desgleichen wenn die Vögel häufig mit dem Schnabel nach den Fettdrüsen am Ende des Rückens fahren, das Oel auspressen und die Federn damit einschmieren, kommt gutes Wetter.

F. Säugethiere.

Wenn die *Fledermäuse* Abends viel fliegen, deutet es auf schön Wetter.

Wenn *die Maulwürfe* ihre Haufen besonders hoch machen, kommt Regen. Werfen sie Anfangs Winter sehr hohe Haufen, so folgt kein starker Winter.

Wenn die *Hunde* des Morgens heulen, wenn sie Gras fressen, sich auf der Erde wälzen, in der Erde kratzen, wenn es ihnen im Bauche kollert, wenn sie nicht fressen wollen, so kommt Regen.

Wenn die *Katzen* sich lecken und putzen und mit den Pfoten die Ohren streichen (sich waschen), wenn sie in der Stube mit Sätzen umherspringen, folgt Regen. Richten sie sich an Bäumen oder hölzernen Wänden in die Höhe und kratzen mit den Vorderpfoten, so kommt Wind.

Wenn die *Schafe* muthwillig sind und mit den Köpfen gegen einanderstoßen; wenn sie auf dem Heimwege das Gras an den Gräben fressen und sich kaum davon abtreiben lassen, so folgt Regen.

Wenn die *Ziegen* begierig nach dem Futter eilen, desgleichen.

Wenn die *Schweine* mit Heu und Stroh umherwerfen, ebenso.

Wenn das *Rindvieh* gegen Mittag nach Luft schnappt und den Kopf mit offenen Nasenlöchern in die Höhe richtet; wenn es sich die Füße leckt, so kommt Regen. Springt es mit aufgereckten Schwänzen auf der Weide umher, so folgt Donnerwetter.

Wenn *Pferd und Esel* sich reiben, die Köpfe schütteln und in die Höfe schnuffern; wenn der Esel die Ohren spitzt und schüttelt, und sie dann zurücklegt, so kommt Regen.

Wenn der *Fuchs* bei Nacht schreit, so kommt lange Kälte.

Wenn bei Menschen die Lippen aufspringen, folgt Kälte. – Viele haben sogenannte Kalender an sich, z.B. Blessuren, Verstümmelungen, Frostbeulen, Rheumatismen in Gliedern u., an welchen Stellen sie eine Veränderung der Witterung im Voraus gewahr werden.

WORTERLÄUTERUNGEN und BEZEICHNUNG der DATEN

Aegidi – 1. September

Aequinoctien - Zeitpunkte, wo die Sonne in den Aequator tritt (Nachtgleichen)

Allerheiligen – 1. November

behufs – zwecks, zum Zwecke

Dorothee – 6. Februar

Firmament – Himmelsgewölbe

Georgi – Georgstag, Gedenktag des heiligen Georg, eines frühchristlichen Märtyrers aus Kappadokien. Er wird meist am 23. April, in einigen Regionen am 24. April, als Frühlingsfest gefeiert.

Heher – Häher (z.B. Eichelhäher)

Hundstage - in Europa die heißen Tage vom 23. Juli bis zum 23. August

Höhenrauch - Trübung der Atmosphäre, die durch (vorwiegend aus festen Partikeln bestehende) Aerosole in relativ großer Höhe verursacht wird, auch durch Brände

Jacobi - Tag des Heiligen Jakob (Jakobus der Ältere), 25. Juli

Johanni – 24. Juni

Johanniswürmchen - Glühwürmchen

Kothjahr – nasses Jahr

Laurentiustag – 10. August

Lichtmeß – 40 Tage nach Weihnachten (2. Februar)

Marcelli – auch Marcellini, 2. Juni

Mariä Heimsuchung – 2. Juli

Mariä Himmelfahrt – 15. August

Martini - Fest des heiligen Martin, 11. November

Mattheis – 24. Februar

Matthäus Evangelist – 21. September

Medardi – 8. Juni

Michaelitag/ Michaelis – 29. September

Pankratius – 12. Mai

Pauli Belehrung - Fest im Kirchenjahr der katholischen Kirche, den orthodoxen, anglikanischen und evangelischen Kirchen, 25. Januar

Petri Stuhlfeier – 22. Februar

Pinken - hämmern; hart auf, gegen etwas schlagen

Quatember - viermal im Jahr stattfindende, ursprünglich durch Fasten, Abstinenz, Gebet und Almosengeben ausgezeichnete Bußtage im Kirchenjahr der römisch-katholischen Kirche

Roßkäfer – Gemeiner Mistkäfer

Scheuer – Scheune

Schloßen – große Hagelkörner

Servatius – 13. Mai

Sieben Brüder – 10. Juli

Solstitien – Sonnenwenden

Sonnenfackeln - Gebiete auf der Sonne, die gegenüber der normalen sichtbaren Oberfläche eine erhöhte Helligkeit und Temperatur (etwa 7000 °C) aufweisen

St. Gallus – 16. Oktober

St. Marci - St. Marci, 25. April, Heiligtumstag

St. Veit – 15. Juni

St. Vincent - 14. Januar

Urban – 25. Mai

Vogelmeier - Vogelmiere

Walpurgis – 30. April (Walpurgisnacht – zum 1. Mai)

Wassergalle - ein unvollkommener Regenbogen, von welchem nur ein Teil sichtbar ist

Wetterbaum - die ersten sich annähernden hohen Wolkenformationen (Cirrus uncinus) heranziehender Tiefdruckgebiete oder Warmfronten bezeichnet. Sie verdichten sich zunehmend und der Bewölkungsaufzug erfasst auch mittelhohe Bewölkung. Die Ursache ist in der Höhe aufgleitende Warmluft, die eine Wetterverschlechterung einleitet.

Zodiakallicht - schwacher Lichtschein in Richtung des Tierkreises, der im Frühjahr am Abendhimmel, im Herbst am Morgenhimmel zu beobachten ist.